A mi hermana Pau,
Este cuento refleja el amor y la huella de
tu recuerdo. Que cada página sea un tierno
abrazo para quien lo lea.

Título original: Nuestra canción
Autora: Belén López Marino
Diseño e ilustración: Esteban Bratin
Publicado por Editorial Gusanillo 2025
Redes sociales de la editorial: @editorialgusanillo
Página web de la editorial: www.editorialgusanillo.es
Redes sociales de la autora: @belulopezma
Redes sociales del ilustrador: @esteban.bratin
Impreso y encuadernado en España
Código de Depósito Legal: V-2517-2025
ISBN: 979-13-87530-49-5

NUESTRA CANCIÓN

AUTORA
Belén López Marino

ILUSTRADOR
Esteban Bratin

Yo soy Nico y esta es mi familia.
¡Para nosotros venir al bosque es como una fiesta!

Aquí podemos hacer lo que más nos guste.
Mi hermano Luca es fanático de los deportes y Tomi
ama los aviones. Quiere ser piloto cuando sea mayor.
A mí me gusta leer y tocar la guitarra.

A TOMI LE ENCANTA PLANEAR SU AVIÓN,
PERO SE AGOBIA Y NECESITA SUS MEDICINAS.

Tomi empezó a sentirse muy mal.
Volver a casa y tocarle nuestra canción
favorita hizo que se sintiera mejor.

DESDE PEQUEÑO HA TENIDO QUE CUIDARSE MUCHO.
¡VISITAMOS TANTO EL HOSPITAL COMO LA ESCUELA!

Una tarde, después del cole, entramos corriendo a casa para saludar a nuestro hermano. Papá y mamá nos estaban esperando para darnos la peor noticia.

EL DÍA SIGUIENTE FUE EXTRAÑO. DIJERON QUE IRÍAMOS A DESPEDIRNOS DE ÉL A UN LUGAR LLAMADO CEMENTERIO.

Su habitación sigue como siempre.
¿Algún día volverá?

A MÍ, ME GUSTA JUGAR CON SUS AVIONES.
A LUCA, NO TANTO.

HAY DÍAS QUE PIENSO MUCHO EN ÉL
Y NO PUEDO CONCENTRARME.

ESTAR CON MIS AMIGOS ES UNO DE MIS MOMENTOS PREFERIDOS.
NOS REÍMOS, JUGAMOS Y ESO ME HACE SENTIR BIEN.

HAY NOCHES EN LAS QUE NO PUEDO DORMIR.
Y PIENSO: ¿DÓNDE ESTARÁ MI HERMANO?

LUCA DICE QUE SE FUE A LAS ESTRELLAS.

YO ME PREGUNTO: ¿ESTARÁ EN EL CIELO?
¿QUÉ ESTARÁ HACIENDO?

Mamá y papá me dijeron: "está justo aquí
y en algún momento, lo descubrirás".

SE ACERCA SU CUMPLEAÑOS
Y QUEREMOS CELEBRARLO.

IREMOS AL BOSQUE, EL LUGAR
QUE TANTO LE GUSTABA.

Mientras cantábamos nuestra canción, me di cuenta de algo:
Ahí estaba él, junto a nosotros.